AF306555

S'ORGANISER POUR RÉUSSIR

Les bases d'une gestion du temps et des priorités efficace

Par Isabelle Aussant

50MINUTES.fr

50MINUTES.fr

DEVENEZ UN PRO
EN BUSINESS !

Les clés du networking

Maîtriser l'art du storytelling

Optimiser sa communication écrite

Maximiser ses capacités intellectuelles

Devenir un manager bienveillant

S'ORGANISER POUR RÉUSSIR

- **Problématique ?** Comment s'organiser au mieux dans son travail ?
- **Utilité ?** Une bonne organisation au travail est la clé de l'efficacité : elle permet de réduire les imprévus tout en économisant son énergie.
- **Contexte professionnel ?** Organisation personnelle, organisation au sein de l'entreprise, communication interne, délégation.
- **FAQ ?**
  - Par où commencer ?
  - Comment repérer les ennemis de la bonne organisation ?
  - Comment réguler ce stress qui vous empêche de travailler ?
  - Quel rôle la délégation joue-t-elle dans l'organisation du travail ?
  - Organisation et communication : deux inséparables ?
  - Comment optimiser son temps ?
  - Comment gérer les priorités ?

Vous vous sentez débordé, submergé par le nombre de choses que vous devez faire au travail aujourd'hui ? D'ailleurs, vous ne savez même pas par où commencer, alors même que le stress commence à vous envahir ? C'est qu'il est urgent de faire preuve d'organisation pour ne pas vous laisser dépasser par les événements !

Car l'organisation est en réalité un outil de bien-être au travail, qui vous permettra d'être moins stressé et plus efficace dans vos tâches. En effet, dans un milieu professionnel qui vous en demande toujours plus, où le temps est fragmenté et les tâches multipliées, être capable de s'organiser intelligemment devient presque une condition de survie.

Une bonne organisation s'acquiert par des outils, mais également par une bonne connaissance de soi, à travers ses valeurs, ses besoins et ses limites. À ce titre, vous trouverez dans ce livre des clés qui vous permettront d'évoluer vers une meilleure organisation, adaptée à votre mode de fonctionnement personnel.

L'objectif est de mettre en place une organisation « écologique », c'est-à-dire une organisation qui vous respecte personnellement, grâce à une réflexion globale sur votre personnalité et sur les outils que vous vous serez appropriés, ainsi que votre environnement de travail (vos collaborateurs et les valeurs de l'entreprise). De cette manière, vous n'aurez pas le sentiment de forcer les choses et votre entourage profession-nel vous trouvera naturellement d'une efficacité redoutable !

B.A.-BA DU TRAVAILLEUR BIEN ORGANISÉ

LE CADRE POSÉ PAR L'ENTREPRISE

Le cadre organisationnel de votre entreprise ne dépend probablement pas de vous, mais vous devez vous en accommoder. Il constitue donc un point important dans l'arrangement de votre travail personnel. Ce cadre est au service des intérêts d'une entreprise, puisqu'il lui permet d'optimiser son fonctionnement et ses coûts, mais il est également au service de l'humain, à travers le respect de chaque individu de ladite entreprise.

Ainsi, l'organisation apparaît comme un point fort de la communication au sein d'une entreprise, puisqu'elle établit un protocole qui permet à chaque service et à chaque individu de parler le même langage. Ce protocole, pour être intégré, doit être précis et compréhensible, c'est-à-dire simple, logique et facilement transmissible. Il doit par ailleurs être la source d'inspiration de chaque organisation individuelle et constituer un exemple à suivre, une ligne directrice.

C'est ce que nous explique Pierre-Marie Gadonneix, directeur administratif et financier chez ITV Studios France, qui a connu un fort développement des ressources humaines de sa société en quelques années.

> « Notre finalité est la production d'émissions de télévision. L'organisation est donc primordiale, car elle est un moyen d'optimiser la fonction première de la société. L'optimisation des coûts nous demande une organisation des plus efficace qui permette de respecter au maximum la fonction ressources humaines. Il faut veiller à ce que les pressions qu'exige la fonction n'affectent pas une bonne ambiance de travail. [...]
> Il ne peut pas y avoir plusieurs systèmes de fonctionnement au sein d'une société. Il est important d'établir des *process* communs auxquels chaque collaborateur adhère, et ce depuis son recrutement. Dans le cas contraire, cela créée non seulement des problèmes pratiques et concrets sur les projets, mais aussi des tensions au sein des équipes. »

Les valeurs

Nos valeurs nous construisent fondamentalement ; elles sont ancrées en nous. Elles donnent un sens à nos actions et nous poussent à agir avec toute la force dont nous sommes capables. Il est donc primordial de se connaître pour utiliser au mieux ces fondamentaux. Nous sommes naturellement plus efficaces sur des tâches qui sont en accord avec nos valeurs. *A contrario*, quand nous ne sommes pas en harmonie avec celles-ci, chaque tâche nous demande un effort considérable, nous amenant souvent à la repousser à plus tard (procrastination), en espérant que l'envie finira par venir d'elle-même.

En fonction de la situation psychologique ou physique dans laquelle nous nous trouvons, nous puisons plus ou moins dans une valeur. Cela signifie que nous revoyons constamment l'échelle de nos valeurs : il est donc important de se réinterroger régulièrement à ce propos.

Prendre conscience des valeurs qui nous portent nous permet de hiérarchiser nos tâches et donc de nous organiser plus naturellement. Soyez à l'écoute de vos envies, car les tâches que vous souhaitez faire seront exécutées avec plus de rapidité et de facilité. Sans pour autant oublier de s'atteler de temps en temps, lorsque votre niveau d'énergie est au plus haut, aux tâches moins réjouissantes...

PRENEZ DU RECUL SUR VOUS-MÊME

- Quelles sont vos valeurs ? Famille, amis, travail, contribution à la société, sport, respect, réussite sociale, honnêteté, partage. Notez tout ce à quoi vous tenez.
- Classez-les par ordre d'importance : tentez de déterminer les valeurs qui sont porteuses de la majorité de vos actions et comportements.
- Comment les nourrissez-vous dans votre travail ? Que pourriez-vous éventuellement faire différemment pour arriver à une plus grande cohérence personnelle ?

Les limites

Se connaître, c'est aussi prendre conscience de ses

limites. Celles-ci doivent entrer en considération au moment de s'organiser. Nous avons tous des limites « aidantes », celles qui nous permettent d'être bienveillants avec nous-mêmes et de nous respecter, et des limites « limitantes » qui nous empêchent d'agir ou de mener à bien une action. Elles nous protègent ou nous enferment. Il est donc important de les connaître afin d'en faire une force dans notre organisation. Posez-vous ces questions :

- « Quelles sont mes limites "aidantes", celles qui me protègent, qui préservent mon énergie et qui me permettent d'être en accord avec moi-même et d'évoluer ? »
  - Exemple : Je n'accepte le contact physique, telle une main placée sur mon épaule, que de mes amis très proches.
- « *A contrario*, quelles sont mes limites "limitantes", celles qui me bloquent et m'empêchent d'avancer ? »
  - Exemple : Je refuse généralement de prendre la parole lors des réunions de groupe, je préfère laisser les autres discuter.
- « Quelles sont les limites que je pose aux autres ? Est-ce que je les formule clairement ? »

- « Que fais-je quand une personne dépasse mes limites ? Est-ce que je réagis de manière à le lui faire comprendre ? »

En répondant à ces questions et en définissant ces éléments, vous serez clair avec vous-même et clairvoyant dans vos actions. Vous serez un guide fiable pour mettre en place des actions cohérentes et organisées.

Il est également nécessaire de poser ces limites face aux autres afin d'être en accord avec votre entourage professionnel. Pour cela, une compétence relationnelle essentielle est requise : le « savoir dire non ». Jacques Salomé, psychosociologue et écrivain français, nous dit qu'« oser dire "non" à l'autre, c'est oser dire "oui" à soi-même ». Le « savoir dire non » est une des clés d'une bonne organisation personnelle et contribue à l'épanouissement personnel. Le fait de refuser certaines choses vous évite de subir les autres et vous permet d'être cohérent avec vous-même : il vous aide à faire la différence entre vos urgences et celles des autres. Et dire « non » se révèle bien plus simple si vous connaissez clairement les besoins auxquels vous dites « oui » !

Être disponible pour les autres est évidemment une grande qualité, mais uniquement à condition qu'elle ne vous empêche pas de faire ce pour quoi l'entreprise vous a engagé. D'ailleurs, une personne qui peut dire « non » à certaines demandes avec tact et fermeté donne davantage de valeur à son « oui » et en sera d'autant plus reconnue et appréciée. Ce n'est pas ici le signe d'un désaccord ou d'un conflit, mais la manifestation d'une différence, d'une ouverture à la possibilité d'un véritable échange.

LE RAPPORT AU TEMPS

Les bonnes pratiques et les sources d'inefficacité

Chaque individu a sa propre perception du temps. Il est donc important de faire le point sur votre rapport personnel avec ce dernier et sur la façon dont vous le gérez. En listant vos points forts et vos points faibles, vous serez en mesure d'identifier les bonnes pratiques que vous avez acquises, mais aussi les sources d'inefficacité dans votre manière de travailler.

Vous pourrez ainsi mettre en évidence certains points forts comme le fait d'être toujours ponctuel lors des réunions auxquelles vous êtes convié, et certains points faibles tels que le fait de toujours travailler dans l'urgence, ce qui vous donne l'impression de bâcler votre travail.

- Pour chaque point faible identifié, interrogez-vous sur son origine. Dans le cas cité, le problème vient peut-être du fait que vous oubliez de vous occuper plus tôt de certaines tâches : vous vous reposez sur votre mémoire, alors qu'elle vous joue des tours ! Ceci posé, vous êtes à présent en mesure de mettre en place une solution à votre problème, en déterminant une action précise et mesurable : l'utilisation d'un support vous permettant de vous rappeler les événements ou les choses à faire à un moment T par exemple. Il ne vous reste plus qu'à choisir le support le plus adapté à votre mode de fonctionnement : post-it, cahier, calepin, agenda électronique ou tout autre outil de votre choix, qui soit à la fois pratique et facilement accessible.

- Quant aux bonnes pratiques que vous avez relevées, soyez-en conscient et n'hésitez pas à y puiser les solutions à vos sources d'inefficacité. Comme le dit ce *kōan* (phrase à méditer) du bouddhisme zen : « Ce qui te manque, cherche-le dans ce que tu as. »

Le rythme biologique

C'est aujourd'hui scientifiquement prouvé : nous avons des rythmes internes qu'il est bon de connaître et de savoir écouter. Au cours d'une journée, la température de notre corps connaît des variations d'intensité, tout comme notre force musculaire et notre activité cérébrale. Ainsi, toutes les fonctions de notre organisme travaillent avec des hauts et des bas.

Même s'il est reconnu que l'efficacité est meilleure en cours de journée entre 10 et 11 heures et entre 15 h 30 et 16 h 30, prenez le temps d'identifier vos heures pleines et efficaces, pendant lesquelles activité intellectuelle est très alerte, et vos heures creuses, durant lesquelles vos besoins physiologiques – la faim, la fatigue, etc. – diminuent vos performances. L'observation de votre comportement sur une journée sera la méthode la plus efficace pour faire le point sur ces périodes plus ou moins productives.

Pour faire de votre rythme biologique un atout dans votre organisation, tenez compte de ces cycles pour répartir les différentes tâches que vous avez à effectuer dans une journée. Il vous suffira alors de planifier les tâches qui demandent une grande disponibilité intellectuelle sur les plages horaires durant lesquelles vous vous savez en pleine possession de vos moyens. Vous n'en serez que plus efficace.

Ceux qui polluent l'environnement de travail

Les parasites extérieurs, synonymes de distraction, affectent les performances professionnelles. Parmi ceux-ci, nous retrouvons sans surprise ceux qui dérangent nos sens : le bruit, la température, la mauvaise ergonomie du poste de travail, etc. Veillez à ce que votre environnement ne perturbe pas votre concentration. Aérez votre bureau au moins une fois par jour et n'hésitez pas à fermer la porte ou à vous mettre de la musique dans les oreilles pour vous isoler quand vous en avez besoin.

Petit plus

Faites de votre poste de travail votre petit chez vous : en semaine, vous y passez la majorité de votre temps, alors donnez-lui quelque chose de familier et dans lequel vous vous sentez bien, en posant une petite plante ou un objet personnel sur votre bureau par exemple.

Les interactions professionnelles

Sollicités en permanence (téléphone, mails, demandes d'aides, etc.), il est relativement rare que nous ne soyons pas interrompus dans notre travail. Nous nous devons en effet d'être constamment ouverts aux autres, aussi est-il souvent bien difficile de mener une action de A à Z sans devoir répondre aux demandes extérieures.

Par exemple, la tentation est grande de consulter immédiatement le contenu d'un mail dès sa réception, et même d'y répondre. Pourtant, mieux vaut prendre le temps de répondre correctement à chaque message, plutôt que de le traiter brièvement, voire d'y apporter une réponse partielle ou peu utile comme : « Je vérifie et je reviens vers vous. » Sans doute votre interlocuteur sera-t-il content de voir que sa demande est prise en considération, mais il n'aura toujours pas sa réponse et aura probablement interrompu une tâche pour lire votre message, tout comme vous l'aurez fait pour lui répondre.

QUE FAUT-IL FAIRE CONCRÈTEMENT ?

Commencez par établir des règles dans l'utilisation des outils de communication. Choisissez par exemple de consulter votre boîte de réception quatre ou cinq fois par jour maximum, à intervalles plus ou moins réguliers : le matin à votre arrivée, en milieu de matinée, au retour de la pause midi, en milieu d'après-midi et le soir 30 minutes avant de partir.

Ces conseils s'appliquent aussi à l'utilisation du smartphone : en posséder un n'implique pas d'être joignable en permanence. Après tout, les boîtes vocales font très bien leur travail ! Vous écouterez vos messages et rappellerez vos interlocuteurs une fois achevée la tâche sur laquelle vous vous concentrez. Là encore, la réponse que vous serez en mesure d'apporter sera de meilleure qualité si votre esprit n'est pas occupé à autre chose.

Le stress

Tous les parasites ne proviennent pas de l'extérieur ; certains, très handicapants, se cachent en nous. Le plus répandu et le plus pernicieux de tous est sans aucun doute le stress.

Le stress est une dramatisation du futur. Dès lors que nous stressons, notre état mental est affecté : nos comportements, nos émotions et nos humeurs peuvent basculer du rationnel à l'irrationnel et nos actions perdent de leur cohérence, jusqu'à développer parfois une paralysie totale de nos moyens.

Le stress au travail n'est pas une fatalité, vous pouvez le contourner. La clé est de bien définir ce qui relève ou non de votre responsabilité. Imaginez trois zones autour de vous dans lesquelles vous allez placer les tâches que vous devez réaliser :

- **votre zone d'impact.** Il s'agit de la zone la plus proche de vous, celle dans laquelle vos décisions et vos actions ont un effet direct ;
- **votre zone d'influence.** Un peu plus éloignée de vous, vous pouvez agir dans cette zone mais vous ne toucherez pas directement l'objectif. Vos actions peuvent toutefois avoir une influence sur cet objectif ;
- **votre zone hors impact.** Cette zone est trop loin de vous, vous n'avez aucune prise sur ce qui s'y passe, quoi que vous décidiez d'entreprendre.

Chaque zone est susceptible de générer du stress, y compris la zone la plus éloignée. Pourtant, cette dernière est hors d'atteinte pour vous : vous ne pouvez rien faire pour changer la situation. Mieux vaut donc cesser de vous inquiéter et vous concentrer sur vos zones d'impact et d'influence. En agissant au maximum dans ces zones-là, vous parviendrez à mieux canaliser votre processus émotionnel et, par conséquent, à empêcher le stress de monter.

Un exemple : vous prenez l'avion pour rencontrer plusieurs clients importants dans un autre pays, et votre vol est retardé de deux heures, ce qui vous met inévitablement en retard pour la journée entière. Au lieu de commencer à vous ronger les ongles, comprenez que ce retard est hors de votre portée : vous ne pouvez rien faire pour que l'avion arrive plus rapidement (zone hors impact). En revanche, ce que vous allez faire pendant ce temps d'attente relève entièrement de votre décision (zone d'impact). Concentrez-vous donc là-dessus et ne vous mettez pas de pression inutile à propos d'un retard qui n'est pas de votre faute.

GARDEZ VOTRE SANG-FROID

- Regardez les choses comme elles sont, sans interférence émotionnelle : faites bien la part des choses entre les faits objectifs et votre ressenti par rapport à ces faits.
- Soyez dans le présent : vous éviterez

ainsi d'anticiper un éventuel résultat négatif qui vous stresserait d'avance. Au lieu de penser : « Si je fais ça, il pourrait se passer ça », dites-vous plutôt : « J'agis aujourd'hui suivant tel objectif valable, en escomptant tels résultats », et gardez à l'esprit que personne ne peut tout prévoir.

La procrastination

La procrastination est un symptôme qui consiste à remettre au lendemain ce qui pourrait ou devrait être fait aujourd'hui. Cet art de reporter à plus tard se manifeste principalement quand trop de choses à effectuer se bousculent sur un même axe de temps, ou lorsque nous devons faire quelque chose qui va à l'encontre de nos va- leurs. On en arrive alors à penser constamment à ce que l'on doit faire, sans trouver l'énergie pour le faire.

Commencez par vous rappeler ce principe : si vous avez toutes les informations nécessaires, agir immédiatement est toujours plus rapide et souvent bien plus efficace que prévoir de le faire plus tard.

Maintenant, s'il est absolument nécessaire que vous remettiez certaines choses au lendemain, la meilleure solution est de faire de cette tendance à la procrastination un outil positif et créatif en examinant les conséquences futures du report de chaque action sur vous et votre entourage professionnel. Cela vous permettra de mettre des priorités plus facilement. Demandez-vous quel report risque d'entraîner la conséquence la plus lourde, et concentrez-vous sur cette tâche-là, en laissant les autres à plus tard.

ATTENTION !

N'oubliez pas de vous ménager un moment, dans la semaine ou dans le mois, pour effectuer toutes ces petites choses que vous aviez laissées de côté, sans excuse possible cette fois !

LA HIÉRARCHISATION DES TÂCHES

Après avoir exploré les facteurs internes au développement de votre organisation personnelle, il est désormais important de hiérarchiser vos tâches. Certaines doivent être faites avant d'autres du fait de leur caractère prioritaire. Cela semble évident, mais ce n'est pas si facile à mettre en œuvre car il s'agit de savoir faire la différence entre ce qui est important et ce qui est urgent, et ne pas confondre rapidité et efficacité.

Pour cela, il est plus facile de procéder étape par étape. Encore une fois, en faisant un pas après l'autre, vous ferez de grands bonds en avant et surtout, dans la bonne direction.

- Pour chaque projet dans lequel vous êtes impliqué, commencez par identifier clairement les tâches qui vous reviennent personnellement. Décomposez au maximum les activités exigeantes et complexes en différents éléments plus facilement réalisables.

PETIT PLUS

Pour chaque projet, posez-vous les trois questions suivantes :

- Quel est mon rôle ?
- Qu'est-ce qui est du ressort de ma responsabilité ?

- Quelles sont les actions spécifiques à réaliser ?

- Listez-les, que ce soit sur une simple feuille blanche ou dans un tableau réalisé sur un logiciel, pour avoir conscience de l'étendue des actions à mener pour chaque projet. Pour que cette liste soit efficace, chaque tâche doit commencer par un verbe appelant à l'action.
- Classez ensuite les tâches par rapport à leur degré d'urgence et d'importance, en donnant un numéro d'ordre à chacune. Cela vous permettra de prendre en compte la logique de la chronologie des événements ainsi que ce qui s'accorde à vos valeurs, mais également les attentes et les besoins de vos collaborateurs et de votre direction. À titre d'exemple : n°1 – Contacter les fournisseurs ; n°2 – Recenser les besoins clients ; etc.
- Il vous reste maintenant à planifier les tâches dans la durée, en estimant sommairement le temps nécessaire à la réalisation de chacune. Il est important de tenir à jour votre calendrier, en vous laissant une marge de manœuvre pour gérer les imprévus. Vous obtiendrez ainsi : lundi et mardi – Contacter les fournis-

seurs ; mercredi – Recenser les besoins ; etc. Revoyez votre planification aussi souvent que nécessaire.

Dans le cas où vous éprouvez des difficultés à planifier certaines actions car toutes vous semblent urgentes, revenez à l'étape précédente et revoyez, le cas échéant, la classification. Demandez-vous si telle tâche ne peut pas finalement attendre le lendemain ou la semaine suivante. S'il le faut et si vous pensez que c'est acceptable, n'hésitez pas à demander, le plus tôt possible, un délai supplémentaire à votre client ou à votre supérieur.

Soyez responsable de vous-même et tentez au maximum d'achever les tâches planifiées pour chaque journée. Le bénéfice sera immédiat : un sentiment de satisfaction intense devant le travail accompli. Et si vous réalisez que vous prenez du retard, revenez sur votre planning et ajustez-le à la réalité.

SACHEZ DÉLÉGUER !

Maintenant que vous avez une vision claire du travail qui vous attend, vous réalisez sans doute que vous aurez besoin de puiser dans d'autres ressources que les vôtres si vous voulez que tout soit fait en temps et en heure.

En effet, déléguer permet de mieux répartir le volume de travail et favorise l'esprit d'initiative. Cela permet de développer un véritable travail d'équipe, une amélioration de la productivité et une forme de reconnaissance pour chacun. En déléguant, vous définissez votre rôle, vous vous positionnez par rapport aux autres et ainsi encouragez la prise de responsabilités. Il s'agit donc d'un élément primordial dans votre propre organisation et celle d'une entreprise.

Pierre-Marie Gadonneix nous dit à ce propos :

« Je suis en copie de tous les mails mais je n'interviens pas si les personnes destinataires ne me sollicitent pas directement. Je délègue, ce qui me permet de mon côté de dégager du temps pour prendre du recul et travailler sur des aspects moins fonctionnels. »

« Que puis-je déléguer ? »

La matrice d'Eisenhower

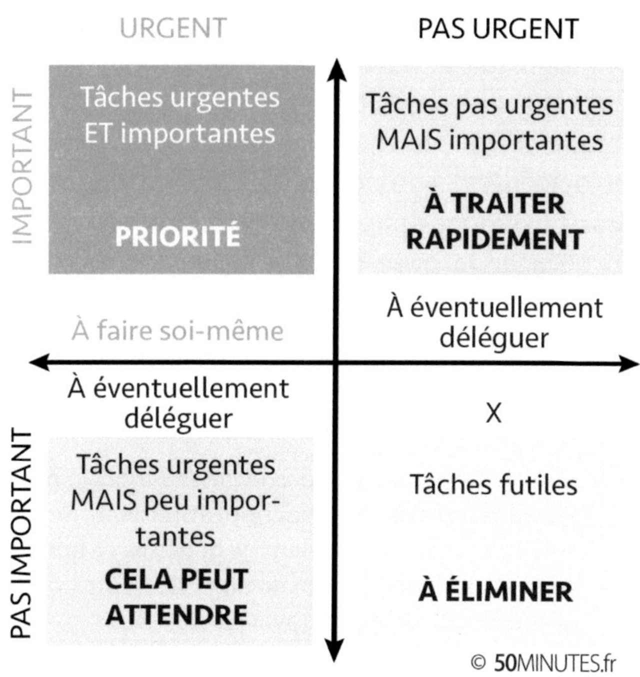

La matrice d'Eisenhower permet de répondre à cette question. Chargez-vous personnellement des tâches que vous jugez urgentes et impor-tantes, mais n'hésitez pas à déléguer ce qui est important, mais moins urgent, ou ce qui est justement urgent, mais peu important.

Gardez en tête que déléguer demande aussi du temps en planification et en communication, c'est pourquoi il vaut mieux transmettre directement des tâches assez lourdes ou répétitives, qui justifient le temps pris en amont.

« À qui déléguer ? »

Pour distinguer la bonne personne à qui déléguer un projet, il est nécessaire ici aussi de procéder étape par étape, à savoir :

- évaluer la tâche à déléguer ;
- déterminer les compétences et les responsabilités nécessaires à son accomplissement ;
- choisir une personne compétente et motivée. Vous pouvez aussi considérer simplement son potentiel, quitte à lui dispenser une formation complémentaire.

<u>À ÉVITER</u>

Ne déléguez pas à l'aveugle. En vous basant sur une évaluation approximative et subjective d'un collaborateur et en tenant pour acquis qu'il sera enchanté de cette délégation, vous risquez de perdre du temps plutôt que d'en gagner s'il s'avère que vous aviez tort ; il vous faudra alors probablement repasser sur le travail effectué.

« Comment bien déléguer ? »

Une délégation réussie demande une communication adaptée. Pour ce faire, reposez-vous sur ces trois modes de communication :

- le *reporting* ou l'information ascendante du collaborateur au donneur d'ordre ;
- le débriefing ou l'échange au même niveau pour les différents interlocuteurs ;
- le bilan ou l'information descendante du donneur d'ordre au collaborateur.

Par le biais de ces techniques, vous serez en mesure de déléguer efficacement un projet en suivant les étapes suivantes :

- définissez un objectif clair et précis qui doit être communiqué et respecté. Cela nécessite un engagement réciproque sur des moyens et des responsabilités clairement définis ;

- la délégation doit être en congruence avec l'objectif et en harmonie avec les attentes du collaborateur, tout en respectant ses intérêts. Ce doit être un échange gagnant-gagnant. Vous déléguez une tâche afin d'atteindre un objectif qui vous a été fixé. Le collaborateur devra aussi y trouver son compte : sentir qu'il est la bonne personne pour réaliser cette tâche, pouvoir montrer son investissement, ses compétences, mais aussi prouver qu'il est capable de se dépasser. Soyez à l'écoute des éventuelles résistances aussi bien que des engouements excessifs, et traitez-les avec ce qu'il faut de compréhension et/ou de fermeté ;
- assurez le suivi, c'est-à-dire le contrôle qui doit être effectué régulièrement, sans pour autant être étouffant. Le contrôle permet de modifier une action engagée si nécessaire, de féliciter, d'engager une action supplémentaire, d'ajouter ou de retirer des moyens, etc. ;
- bannissez par contre de votre comportement le « faire à la place ». Vous avez votre façon de faire et votre collaborateur en a peut-être une légèrement différente. Lâchez prise ! L'important est que le collaborateur ait com-

pris l'objectif que vous lui avez fixé et tous les paramètres pour y arriver ;
- soignez votre communication, que ce soit en amont, en aval, ou pendant l'exécution de la tâche déléguée. Vous avez bien préparé le terrain de votre délégation ? La communication que vous aurez instaurée au préalable vous sera utile pendant et après la tâche ;
- n'oubliez pas de conclure l'expérience par un point post-délégation. Fournir au collaborateur un retour sur l'expérience a une importance primordiale pour sa valorisation et son adhésion à l'entreprise ;

À ÉVITER

- Ne déléguez jamais dans l'urgence : vous risqueriez de sauter une étape ou de mal communiquer l'objectif à atteindre.
- Ne soyez pas perfectionniste : sachez lâcher prise par rapport à une méthode qui peut être différente de la vôtre mais tout aussi efficace. Trop de contrôle entraîne déresponsabilisation et démotivation.

TOP CONSEILS

- Évitez l'encombrement, c'est l'ennemi de l'organisation : triez, jetez au fur et à mesure. Un bureau rangé le soir en partant est un bureau accueillant le lendemain matin pour démarrer une bonne journée.
- Aménagez votre poste de travail de manière ergonomique. Minimiser les gestes que vous avez à effectuer en gardant à porter de main les dossiers ou outils dont vous avez besoin plusieurs fois par jour. Rangez tout de manière simple et pratique pour retrouver rapidement ce que vous cherchez. Par exemple, un dossier classé dans une pochette qui est dans un classeur qui est dans un tiroir demande trop de gestes. Et trop de gestes, c'est à la fois une perte de temps, une perte d'énergie et une perte de concentration si vous pestez à ne pas trouver le document que vous cherchez en vain.
- Soyez compréhensible et intelligible pour vous et vos collaborateurs, dans votre communication orale comme écrite : un nom de dossier

défini selon une nomenclature commune fait gagner du temps à tout le monde.

- Clarifiez vos projets et étayer vos intentions en programmant des sous-objectifs concrets afin d'y voir plus clair. Décomposez au maximum les activités exigeantes et complexes en différents éléments plus facilement réalisables.
- Soyez conscient de vos responsabilités. Prendre sa part de responsabilité sur une tâche et en définir les limites vous évitera de subir celle des autres en ce qui concerne l'ensemble du projet, forcément génératrice de stress puisque ne vous incombant pas.
- Fixez dans votre agenda les événements récurrents de votre travail sur le mois ou l'année. Cela vous permettra d'anticiper et de préparer ces tâches.
- Ne notez dans votre agenda que les choses essentielles et professionnelles. Inutile en effet de surcharger votre agenda professionnel avec votre pense-bête anniversaire : cette confusion visuelle risque d'altérer votre motivation et votre énergie.
- Estimez le temps nécessaire à la réalisation de vos différentes tâches. En commençant une nouvelle tâche, vous devez connaître le temps

que vous allez y consacrer et vous y tenir. Si vous n'avez pas d'idée précise, n'hésitez pas à noter l'heure à laquelle vous commencez une tâche et l'heure à laquelle vous la terminez. Cela vous permettra d'utiliser cette estimation pour la prochaine fois.

- Suivant la même idée, fixez-vous des *deadlines* : cela vous permettra de mettre en place un plan d'action sur votre journée ou votre semaine en fonction des priorités.

- Préparez vos réunions : ordre du jour, liste des participants, questions à poser, interventions percutantes, etc.

- Soyez conscient des ressources dont vous avez besoin pour être efficace. Choisissez les bons outils et formez-vous à leur utilisation : perte de temps et stress sont trop souvent les conséquences d'outils non adaptés ou que vous ne maîtrisez pas. N'hésitez pas à solliciter des collaborateurs plus expérimentés qui pourront vous accorder quelques minutes de formation informelle sur l'utilisation d'un outil, au lieu de continuer à buter tous les jours sur une même action.

- Prenez des pauses ! Cela peut paraître paradoxal mais faire une petite pause de cinq minutes toutes les deux heures peut vous faire gagner du temps. En effet, votre cerveau ne peut pas fournir une activité maximale tout au long de la journée. Donnez-lui du temps pour se ressourcer et ainsi repartir du bon pied.

FAQ

PAR OÙ COMMENCER ?

Il est primordial de commencer par mener un travail sur soi. La prise de recul par rapport à vous-même et à votre activité est le chemin incontournable pour vous permettre de mettre en place une bonne organisation. Faites le point sur les valeurs qui vous portent ainsi que sur les limites que vous ne voulez pas dépasser.

En fonction de ces valeurs et de ces limites, vous serez à même de repérer les tâches qui vous motivent et sur lesquelles vous serez vraisemblablement plus efficace, et les tâches qui vous demanderont un effort d'investissement supplémentaire. Vous serez également capable de justifier un « non » face à une demande qui franchit vos limites.

COMMENT REPÉRER LES ENNEMIS DE LA BONNE ORGANISATION ?

Pour repérer ces parasites qui prennent leur source tant à l'extérieur qu'à l'intérieur de nous-mêmes, commencez par observer, écouter et sentir les choses autour de vous.

- Votre siège est-il réglé à la bonne hauteur ?
- Votre écran et votre clavier sont-ils bien disposés ?
- Votre téléphone est-il facilement accessible ? Le combiné est-il adapté ?
- Y-a-t-il du bruit autour de vous ? Si oui, quels moyens avez-vous pour vous en isoler au mieux ?
- La température de la pièce est-elle souvent un sujet de discussion ? S'il fait souvent froid, avez-vous un gilet à laisser sur le dossier de votre chaise ? Si au contraire il fait souvent chaud, pensez-vous à aérer la pièce ?
- Etc.

Petit à petit, en rectifiant ces éléments qui peuvent sembler des détails, vous vous sentirez déjà beaucoup plus à l'aise dans votre environnement de travail. C'est un des premiers pas vers l'efficacité.

Continuez par analyser vos interactions avec les autres (collaborateurs, supérieurs, clients, fournisseurs, etc.) : sont-elles source de distraction ? Si oui, comment pouvez-vous les optimiser pour que votre concentration en pâtisse le moins possible ? Mettez ces réflexions en relation avec l'utilisation de vos outils (ordinateur, portable, etc.) : vous pourrez ainsi équilibrer ces deux axes l'un avec l'autre.

Au niveau des freins internes, votre éventuelle tendance à la procrastination est facilement repérable : si cela fait deux mois que vous étiez censé écrire tel rapport ou ranger tel matériel utilisé lors du dernier événement, c'est qu'il est temps de prendre le taureau par les cornes et de s'arrêter sans délai sur ces petites tâches mille fois repoussées.

Enfin, apprenez à lire les signaux révélateurs de stress : un sommeil troublé, voire de fréquentes insomnies ; une fatigue marquée ; des douleurs dans le dos ; de l'anxiété face au lendemain ; etc. En prenant conscience de ces paramètres, vous serez à même de réagir avant d'être submergé.

COMMENT RÉGULER CE STRESS QUI VOUS EMPÊCHE DE TRAVAILLER ?

Vous avez déterminé ce qui se situait ou non dans votre zone d'impact, et pourtant le stress continue de vous envahir devant la montagne de tâches à réaliser dans un laps de temps qui se rétrécit à vue d'œil. Pour vous aider à le contrôler, commencez par en identifier les sources dans votre travail :

- est-il lié au contenu de votre travail ? Surcharge de travail, complexité des tâches, monotonie, niveau de responsabilité, niveau d'autonomie, risques professionnels, rythme, pression, etc. ;
- est-il lié à votre environnement de travail ? Ambiance (bruits, température, luminosité, etc.), conception des postes de travail, taille et structure de l'entreprise, hygiène, collègues, supérieur hiérarchique, etc.

Une fois les sources de stress pointées du doigt, vous allez devoir apprendre à réagir calmement face à elles. Il est préférable pour cela de s'organiser pour rester dans une zone de confort qui passe par trois éléments :

- **la sécurité.** Choisissez en priorité les voies dans lesquelles vous vous sentez en sécurité, histoire de reprendre confiance en vous petit à petit ;
- **la légitimité.** Si l'on vous demande d'adopter un nouveau comportement que vous ne trouvez pas légitime, ne changez pas. Tout changement doit lier intimement votre comportement à vos valeurs pour avoir des chances de réussir ;
- **la facilité.** Là où vous avez réalisé un premier pas, vous avez construit une base solide pour faire le deuxième pas. Choisir la facilité est donc un gage de réussite !

Et maintenant, passez à l'action ! Concentrez-vous sur le prochain geste à poser, non sur le travail final qui doit être fait ou l'objectif ultime qui doit être atteint. Pour ce faire, pensez en termes d'ACTIONS ! Au lieu de considérer la montagne qui est devant vous, appuyez-vous sur des faits tangibles : planifiez des tâches concrètes et réalisables rapidement, comme : « Me renseigner sur les concurrents » ou : « Faire un premier tri dans les candidatures reçues ». Une fois l'action réalisée, penchez-vous sur la suivante, et ainsi de suite. Petit à petit, le travail avancera et le stress diminuera.

QUEL RÔLE LA DÉLÉGATION JOUE-T-ELLE DANS L'ORGANISATION DU TRAVAIL ?

Déléguer certaines tâches moins importantes ou moins urgentes vous permet de dégager du temps pour celles qui valent vraiment la peine que vous vous y atteliez personnellement. Vous pouvez aussi décider de déléguer des tâches pour lesquelles vous avez moins de compétences qu'un de vos collaborateurs. Cela fera gagner du temps à tout le monde : à vous personnellement, mais aussi au projet en général.

Être capable de déléguer avec efficacité est donc un élément phare d'une bonne organisation au travail. Pour ce faire :

- évaluez la tâche et les compétences requises afin de choisir judicieusement la personne à qui la confier ;
- définissez avec elle un objectif clair et précis, puis laissez-lui le champ libre quant à la manière de réaliser la tâche tout en assurant un

suivi régulier ;

- faites circuler l'information en amont, pendant et en aval de la délégation, à l'aide du *reporting*, du débriefing et du bilan ;
- jaugez la réalisation en transmettant un compte-rendu, ce qui vous permettra de donner des signes de reconnaissance à votre collaborateur et d'ainsi influer sur sa motivation.

ORGANISATION ET COMMUNICATION : DEUX INSÉPARABLES ?

Dès lors que vous voulez mettre en place un projet qui demande plusieurs compétences, que vous voulez déléguer ou que vous faites face à un conflit, vous aurez besoin de communiquer. Il est donc indispensable d'être responsable de sa communication et de la maîtriser afin qu'elle ne soit pas un frein au moment de s'organiser.

Ainsi, l'ouverture aux autres, l'écoute active, la capacité de lire le langage paraverbal et non verbal, la reformulation des informations et l'art du questionnement font partie des outils clés d'une communication efficace.

Quelques préceptes à garder en soi et à mettre en application

- Je considère et j'apprécie mon interlocuteur à sa juste valeur.
- Je garde une certaine distance émotionnelle afin de conserver ma neutralité.
- Je suis à l'écoute des besoins qui ne servent que la situation et je mets les autres de côté. Ainsi, je reste centré sur de bonnes intentions et je reste lucide.
- Je suis explicite dans mes intentions, ce qui inspire confiance.
- Je fais circuler l'information dans les deux sens ; ainsi je nourris le mouvement nécessaire à la communication.

Les « anti-communication »

COMMENT OPTIMISER SON TEMPS ?

Le temps est une valeur précieuse dans des journées souvent bien remplies. Analysez votre rapport au temps pour tirer les bonnes conclusions sur les points qu'il convient d'améliorer.

Soyez conscient de vos bonnes pratiques comme de vos sources d'inefficacité afin de les travailler. Pour les connaître, répondez aux questions suivantes dans l'ordre indiqué :

- Est-il difficile pour vous de gérer le temps qui vous est imparti pour exécuter telle ou telle tâche ?
- Si oui, quelles sont les difficultés que vous rencontrez le plus souvent ?
- Qu'est-ce qui fait que vous rencontrez cette difficulté ?
- Quelles conséquences cela a-t-il sur votre organisation ?

Lister vos difficultés vous permettra de proposer une solution pour chacune d'entre elles et de mettre en avant le bénéfice que vous allez en tirer.

Un autre moyen d'optimiser son temps de travail est de planifier vos journées en fonction de votre rythme biologique. Utilisez au maximum vos heures de pleine concentration en y programmant les tâches monopolisant le plus votre intellect. Et si votre activité vous impose de rester extrêmement concentré jusqu'à 13 heures, rien de vous empêche d'anticiper votre perte de tonus et de prendre une collation vers 10 heures.

COMMENT GÉRER LES PRIORITÉS ?

Les priorités sont définies par deux pôles : vous-même et votre environnement. Savoir les gérer, c'est :

- faire la distinction entre les tâches urgentes et importantes. Les tâches urgentes doivent trouver leur réponse, mais jamais aux dépens des tâches importantes. Pour ce faire, programmez toujours au moins une tâche importante à réaliser par jour ;
- trouver le bon équilibre entre ce qu'on vous demande de faire et ce que vous jugez bon de faire. Envisagez la requête dans sa globalité, en tentant d'estimer si ce qu'on vous demande est important au regard de vos objectifs ou de ceux de votre équipe. Sachez ensuite exposer votre perception des choses à vos collègues ou supérieurs en demande – car l'importance d'une tâche peut parfois être un élément subjectif – et soyez capable dire « non » ou de solliciter un délai supplémentaire quand cela risque d'affecter votre travail.

Pour résumer, agissez par ordre décroissant : traitez en premier les tâches qui, si elles ne sont pas exécutées, auront des conséquences lourdes sur votre travail et sur celui de vos collaborateurs, que ces tâches soient urgentes ou importantes, puis celles dont les conséquences sont plus limitées, et ainsi de suite.

À VOUS DE JOUER !

Voici quelques exercices très simples qui vous permettront de prendre conscience de votre situation actuelle, de proposer vos propres solutions par rapport aux différents axes d'amélioration et ainsi évoluer vers une organisation efficace et performante.

LA GESTION DU TEMPS

Objectif : identifier ce qui réduit votre efficacité dans la gestion de votre temps.

Listez vos points faibles dans un tableau. Pour chacun d'entre eux, notez la raison et la solution que vous proposez ; et, afin de vous fixer un objectif mesurable, prévoyez une date limite d'application de la solution.

Gestion du temps

Points faibles	Raisons	Solutions	Délais de résolution

© 50MINUTES.fr

LA GESTION DES PRIORITÉS

Objectif : analyser les tâches réalisées et celles qui n'ont pas été réalisées sur une journée et leur niveau de priorité.

Listez dans un premier tableau les tâches réalisées sur une journée heure par heure, puis, dans un second tableau, les tâches que vous n'avez pas réussi à faire.

Tâches réalisées

Horaire	Tâches réalisées	Niveau de priorité
7 h		
8 h		
...		
...		
...		
19 h		

© 50MINUTES.fr

Tâches non réalisées

Horaire	Tâches non réalisées	Niveau de priorité
7 h		
8 h		
...		
...		
...		
19 h		

© 50MINUTES.fr

Sur cette base, répondez aux deux questions suivantes et, suivant les réponses, réévaluez éventuellement le niveau de priorité de certaines tâches :

- Quelles conséquences les tâches non réalisées ont-elles eu sur votre journée de travail ?
- Comment auriez-vous pu agir autrement ?

LES PARASITES

Objectif : retrouver son énergie en décidant d'éliminer les parasites.

Listez sous forme de tableau au moins trois choses qui, au quotidien, parasitent votre organisation au travail et dépensent votre énergie inutilement. Prenez ensuite le temps de réfléchir à ce que vous pourriez entreprendre pour réduire l'effet négatif de ces distractions.

Parasites

Énoncé du parasite			
Coût			
Actions proposées			
Gains recherchés			
Date prévue			
Date effective			

© 50MINUTES.fr

LE STRESS

Objectif : recentrer son énergie sur sa zone d'impact en classifiant les différents facteurs de stress.

Listez les facteurs stressants rencontrés pendant

une journée de travail : ceux que vous percevez comme positifs (nouveau projet, stagiaire à former en plus de votre travail habituel, etc.) et ceux que vous percevez comme négatifs (pression, conflits, etc.).

Situez ces facteurs dans un des trois cercles suivants :

Zones

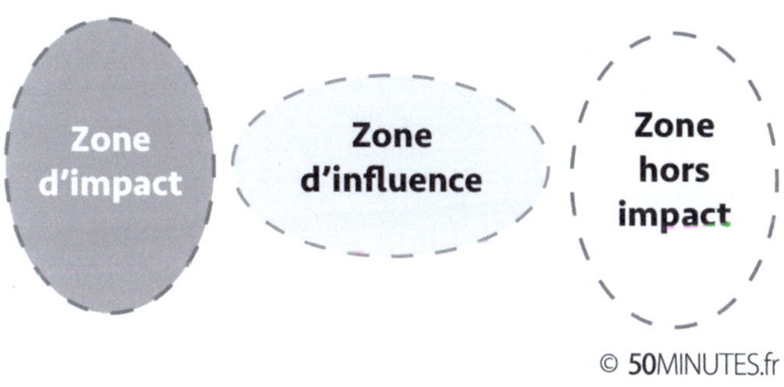

Pour finir, considérez les facteurs stressants négatifs qui se situent dans votre zone d'influence et dans votre zone d'impact : que pourriez-vous faire à partir de maintenant pour réduire votre stress et optimiser votre énergie ?

Votre avis nous intéresse !
Laissez un commentaire sur le site de votre
librairie en ligne et partagez vos coups de cœur sur
les réseaux sociaux !

POUR ALLER PLUS LOIN

SOURCES BIBLIOGRAPHIQUES

Salomé Jacques, *À qui ferais-je de la peine si j'étais moi-même ?*, Montréal, Les Éditions de l'Homme, 2008.

AUTRES SOURCES

Cours de coaching suivis à la Haute École de Coaching avec Philippe Duvillier et Fabienne Lemaigre-Voreaux, coachs et formateurs certifiés.

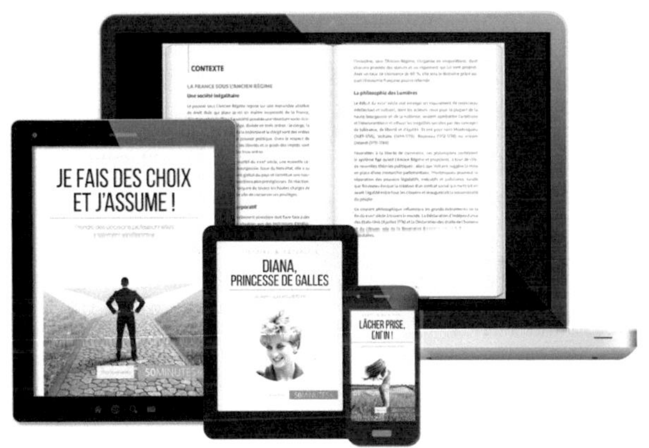

50MINUTES.fr

Art & Littérature

Coaching Pro

Business

Book Review

Histoire & Société

Santé & Bien-être

SOYEZ LÀ
OÙ ON NE VOUS ATTEND PAS !

www.50minutes.fr

L'éditeur veille à la fiabilité des informations publiées, lesquelles ne pourraient toutefois engager sa responsabilité.

© 50MINUTES, 2015. Tous droits réservés.
Pas de reproduction sans autorisation préalable.
50MINUTES est une marque déposée.

www.50minutes.fr

ISBN ebook : 978-2-8062-6231-8
ISBN papier : 978-2-8062-6377-3
Dépôt legal : D/2015/12603/152
Photo de couverture : © Rawpixel.com - Fotolia.com

Conception numérique : Primento,
le partenaire numérique des éditeurs